Apprends à prier

Dans la prière véritable, tu fais l'expérience de Dieu
La prière véritable rend heureux

Gabriele

Gabriele-Verlag
Das Wort

1ère édition : janvier 2014

Traduit de l'allemand
Titre original :
Lerne beten. Im wahren Gebet erlebst du Gott. Wahres Beten macht glücklich

Pour toute question se rapportant au sens,
l'édition allemande fait référence

Editeur : Gabriele-Verlag Das Wort GmbH
Max-Braun-Str. 2, 97828 Marktheidenfeld, Allemagne
www.la-parole.com

Tous droits réservés

ISBN : 978-3-89201-366-2

Photos :
Couverture devant : © victoria p.-fotolia.
Couverture derrière : © Martin-fotolia

Préface

Dans une série de séminaires, Gabriele, la prophétesse et messagère de Dieu à notre époque, a donné aux participants, à partir de la sagesse divine, de nombreuses indications et exercices concrets, des exercices pratiques pouvant être appliqués dans la vie quotidienne et permettre ainsi une croissance spirituelle progressive.

Ce livre est le recueil des explications de Gabriele qui servirent de base au séminaire « *Apprends à prier. Dans la prière véritable, tu fais l'expérience de Dieu. La prière véritable rend heureux.* »

Des personnes prient.

Des personnes demandent.

Des personnes espèrent.

Des personnes s'interrogent sur Dieu. Où est Dieu ? Dieu m'entend-Il ? Dieu me comprend-Il ? M'aime-t-Il ? Et finalement Dieu existe-t-Il ? Si Dieu existe, pourquoi alors ne se manifeste-t-Il pas ? Pourquoi ne me donne-t-Il pas de réponse ?

Beaucoup de questions en réalité !

Prenons conscience que le Christ de Dieu et ainsi l'Esprit de notre Père éternel, est plus proche de nous que nos bras et nos jambes.

S'Il est si proche de nous, pourquoi ne L'entendons-nous pas ?

Celui qui pose cette question doit alors se demander s'il s'est orienté vers Dieu ou si par ses aspects personnels, égoïstes, il ne s'est pas plutôt détourné de Lui.

Pourquoi beaucoup de personnes se plaignent-elles de ne pratiquement jamais recevoir de réponse de Dieu bien qu'elles Lui adressent leurs prières ? Et si la réponse vient, elles ne savent alors pas si elle provient bien du grand Esprit de la Vie.

La plupart du temps, nous posons la question du « pourquoi » à nos semblables ou à un théologien. Ceux-ci peuvent-ils nous en donner la réponse quand eux-mêmes ne sont pas non plus en mesure de percevoir Dieu profondément en eux-mêmes ?

Lorsque nous posons cette question du « pourquoi » à nos prochains, il en résulte de nouvelles énigmes car ces derniers répondent bien souvent en haussant les épaules : « Je ne sais pas pourquoi nous n'entendons pas Dieu. »

La réponse du théologien pourrait ressembler

à ceci : « Nous ne devrions pas nous montrer arrogants. La question de savoir pourquoi nous n'entendons pas Dieu relève du domaine de la théologie. Ce sont là les mystères de Dieu. » Pourquoi, pourquoi, pourquoi ! La réponse est très simple : au lieu d'aller vers Dieu, nous Le fuyons.

Jésus nous a enseigné : « *Demandez et il vous sera donné ; cherchez et vous trouverez ; frappez et l'on vous ouvrira.* »
Alors, à qui adresser nos demandes ?
Où chercher et à quelle porte frapper ? Vers qui se tourner ?
En aucun cas vers nos semblables, pas non plus vers un théologien, car il n'est lui aussi qu'un être humain. Ce n'est qu'en prenant conscience que l'on est soi-même le temple de Dieu et que Dieu habite en nous que l'on sait vers où se tourner.

Nous devons donc apprendre à nous tourner vers l'intérieur, à trouver Dieu en nous. Nous faisons l'expérience de Dieu dans la prière exprimée en nous-même.

La prière véritable nécessite cependant un apprentissage, car une bonne prière, celle qui se fait en nous-même, est un dialogue avec Dieu. Beaucoup de gens débitent des prières mais leurs pensées sont complètement ailleurs. Il s'agit là de prières extérieures.

Jésus a dit : « *Demandez et il vous sera donné…* » Cependant, bien souvent l'on « mendie » ceci ou cela auprès de Dieu, et la plupart du temps pour soi-même. Nous Lui demandons d'exaucer nos désirs humains, alors que bien souvent ils s'opposent au salut de notre âme.

Ce n'est que lorsque l'on est parvenu à la bonne prière, à la prière active, que cette dernière régit notre vie. Les prières actives sont des prières emplies d'une foi profonde, qui nous rendent profondément heureux.

Comment parvenir à la prière active ?

Nous ne parvenons à la prière active qu'en examinant nos prières de demande et de remerciement, c'est-à-dire en nous demandant si nous sommes nous-même à l'image de ce pour quoi nous prions.

Ce n'est que lorsque nous prions de tout cœur, avons appris à prier dans le centre de la force du Christ de Dieu et ressentons vraiment nos prières, que nous nous sentons alors porté par une force qui est toujours présente.

Si ensuite nous accomplissons nos prières dans notre vie quotidienne en la remplissant de leur contenu, c'est-à-dire en accomplissant la volonté de Dieu, nous nous rapprochons alors du centre de l'amour qui est en nous et cheminons ainsi vers Dieu.

En cheminant progressivement en nous vers l'Esprit éternel de l'amour, nous ressentons très vite que Dieu, notre Père en Christ, notre Rédempteur, fait plusieurs pas vers nous.

Les prières actives que nous accomplissons au quotidien, se transforment peu à peu en prières qui sont en même temps des expériences intérieures.

Nous vivons, ressentons et faisons l'expérience de la proximité de Dieu dont progressivement nous prenons toujours davantage conscience.

Nous faisons au quotidien l'expérience que l'amour de Dieu est à nos côtés et nous aide ; nous ressentons Sa présence à travers nos sentiments.

Nous devenons de plus en plus pacifique.

Nous trouvons la sécurité et la confiance en Dieu.

Nous travaillons toujours plus avec Dieu, avec Sa force et faisons l'expérience de Sa présence dans notre vie quotidienne.

Soudain nous comprenons par exemple nos collègues de travail et pouvons les aider sans nous mettre en avant. En de nombreuses situations, nous remarquons et reconnaissons l'existence de Dieu.

Dieu nous donne des réponses par des voies que nous n'avons au préalable pas imaginées. Apprenons donc d'abord à nous libérer de nous-même, de nos schémas de pensée qui se sont tissés autour de nombreux comportements comme la passion, la haine, la jalousie, les désirs et les convoitises.
Ce tissu d'aspects négatifs traverse nos sentiments et nos pensées.
Nos paroles sont à leur tour imprégnées de ce que nous pensons, ressentons et voulons. Il en résulte une agitation du système nerveux qui se reporte sur tout l'être humain. Ce dernier se retrouve alors sans cesse pris dans le cercle vicieux de ses pensées. Cet état, tel que cela a été évoqué au début de l'exposé, caractérise celui qui s'est détourné de Dieu.
Et c'est bien parce que nous sommes dans cet état-là que nous nous posons toutes ces questions : « Où est Dieu ? », « Pourquoi ne m'entend-Il pas ? », « Ou peut-être me com-

prend-Il quand même ? », « Est-il possible qu'Il ne m'aime pas ? », « Ou peut-être m'aime-t-Il quand même ? »
Celui qui s'empêtre dans son propre tissu d'aspects négatifs se dirige tout droit vers le malheur qu'il s'est lui-même forgé.

Un proverbe allemand dit :
« Chacun est le forgeron de son propre bonheur ! »
Par extension, on pourrait dire que chacun est également le forgeron de son propre malheur et finalement la cause de tout ce qui lui arrive.
La plupart de ceux qui soulignent le fait qu'ils prient beaucoup, sont en réalité préoccupés par eux-mêmes, ils tournent tellement autour d'eux-mêmes qu'ils ne remarquent pratiquement pas comment vont leurs prochains.

Commençons par nous-même en nous posant ces questions : Puis-je vraiment saisir, ressentir, mes prières au plus profond de moi-même ? Et est-ce que j'accomplis leur contenu au quotidien ?

Prenons bien conscience de ceci :
Sans la compassion, sans le ressenti profond
de nos prières, nous ne pouvons pas atteindre
Dieu.

Afin de nous rapprocher de Dieu dans la prière,
nous devons peu à peu devenir silencieux et
nous n'y arrivons que si nous parvenons à la
victoire sur nous-même avec la force du Christ,
c'est-à-dire en nous libérant de tout ce qui
nous sépare de Dieu.

Si nous sommes prêt à travailler à nos aspects
par trop humains avec l'aide de l'Esprit du
Christ, nous devenons alors plus calme.

Tout d'abord notre prière devient une prière
d'observation. Nous considérons toutes nos
demandes de prière en nous posant cette
question : mon comportement au quotidien
est-il en accord avec mes prières ?

*P*ar exemple, lorsque nous prions pour les hommes et les animaux, pour la Terre-Mère, posons-nous ces questions :
Comment soutenons-nous nos prochains ? Comment est notre compassion à l'égard de nos frères et sœurs les animaux ? Et comment ressentons-nous la Terre-Mère en nous ?

Nous devons apprendre à ressentir profondément nos prières, à parvenir à la compassion afin de saisir avec nos sentiments, par exemple, comment vont les personnes pour qui nous prions, comment vont nos frères et soeurs les animaux ou encore la Terre-Mère.

Nous devrions laisser vibrer profondément en nous tous les souhaits de notre cœur que nous présentons à Dieu, ressentir les différentes situations pour lesquelles nous prions, et ceci dans la conscience que ce que je ne veux pas que l'on me fasse, personne d'autre non plus ne devrait le subir, ni de ma part, ni des autres. J'essaie donc de ressentir profondément en moi la situation dans laquelle se trouve mon prochain et je me dis alors que je ne souhaiterais pas subir la même chose. C'est ce qui nous permet de prier pour lui avec une certaine compassion.

Ainsi, progressivement, nous parvenons à la prière véritable.

Dans la prière véritable, dans cette profonde compassion qui devient vivante en nous, nous constatons très vite que nous sommes transportés par une force que nous ne connaissions pas auparavant. Nous ressentons que c'est une réponse de Dieu. C'est l'Esprit qui nous touche.

Ces prières où nous déposons nos demandes ou notre gratitude, sont alors de véritables expériences intérieures. Nous ne cherchons plus nos mots. Nous ressentons que les prières viennent peu à peu de l'intérieur ; c'est notre âme qui nous aide et commence à prier avec nous.

Laissons nos prières s'écouler de l'intérieur, peu à peu elles deviendront alors authentiques, plus désintéressées, de profonds souhaits venant du coeur pour notre prochain, pour la Terre-Mère.

Des prières tournant autour de souhaits personnels, par trop humains, afin d'obtenir des avantages pour soi-même, démontrent un manque de confiance en Dieu, Lui qui connaît toutes choses.

Les prières du coeur, les prières-expériences, les prières compatissantes, ne tournent pas autour du cercle étroit des aspects par trop humains. Elles sont généralement pour le grand tout.

Ce sont des prières pour les êtres humains, pour les âmes des plans de purification, pour les personnes décédées, les nouveau-nés, la nature ; ce sont de nombreux souhaits pour le grand tout, dans la conscience que la force universelle de Dieu, qui englobe tout, Son rayonnement puissant, amène toujours ce qui est bon.

$\mathcal{P}$renons conscience que toute prière utilisée comme moyen pour parvenir à ses fins vient de la nature basse des aspects par trop humains et n'est pas entendue de Dieu.

Les nombreuses questions au sujet de Dieu, exprimées par les personnes qui prient et ne reçoivent pas de réponse, sont des « prières à distance » ; pour elles, Dieu est très loin.
De telles prières ne trouvent pas de résonance dans le coeur, parce qu'elles sont exprimées à un niveau extérieur pendant que les pensées se trouvent dans un tout autre monde, dans le monde du moi humain.

Apprenons à estimer notre être cosmique plus que notre moi inférieur, nous parviendrons alors à prendre du recul par rapport à nous-même et à nous détacher de notre comportement égoïste. Nos prières deviendront plus profondes et plus intenses.

Nos aspects par trop humains nous séparent de Dieu. Ce n'est qu'après avoir appris à ne plus nous plaindre des autres et de nous-même que nous ressentons que Dieu est plus proche de nous. Si de tout notre coeur nous Lui demandons de nous aider à vaincre ces aspects par trop humains, Son aide se montre alors bien présente.

La force de l'Esprit nous aide à nous vaincre nous-même. Nous devenons plus calmes et nous intériorisons toujours plus profondément jusqu'à reposer dans le centre du Christ de Dieu qui rayonne à proximité de notre coeur. Nos prières sont alors portées par l'Esprit de l'amour et c'est de plus en plus notre âme, l'être intérieur que nous sommes en Dieu, qui prie.

Beaucoup de personnes s'accusent devant Dieu parce qu'elles sont insatisfaites d'elles-mêmes. L'auto-accusation est toujours synonyme de manque de confiance en Dieu, ce qui a pour effet que Son réconfort se fait attendre.

Beaucoup de gens prient Dieu de venir en aide à leurs prochains dans leur souffrance, dans leur malheur, mais ils se demandent rarement à quel point ils ont de la compassion pour ceux vers qui vont leurs prières.

C'est seulement lorsque l'on a appris à ressentir profondément la souffrance de son prochain, à la ressentir dans le centre du Christ de Dieu en soi, que l'on prie vraiment.

Si nous ressentons comment vont les personnes pour qui nous prions, ce qu'elles endurent, si donc la peine et la souffrance de l'autre trouvent un écho en nous, nous pouvons alors dire que nous prions.
Une prière qui n'est pas accompagnée d'une profonde compassion n'est pas une prière mais des paroles vides de sens que l'on marmonne.

Prier pour les autres signifie donc ressentir profondément en nous leur souffrance, leur détresse, leur maladie. Ce que vit notre prochain doit nous faire mal au coeur. Ce n'est qu'alors qu'il nous est possible d'émettre des impulsions de force vers lui.

Ces véritables et profondes impulsions de force, qui s'écoulent de notre prière, ces énergies positives, désintéressées qui proviennent de nos pensées, peuvent aider notre prochain à comprendre sa souffrance, voire à la porter. Elles peuvent aussi l'aider dans la prière à trouver le Christ, qui est l'Aide, le Conseiller et le Guérisseur intérieur.

Celui qui apprend à se remettre à Dieu et à Lui remettre son prochain, donc à prier de tout cœur, avec ses sentiments et sa compassion, ressent dans son coeur que les maux qui sont les siens ou ceux de son prochain sont touchés par la force du Christ, le médecin et guérisseur intérieur.

Le réconfort ressenti dans notre cœur et celui de notre prochain nous rendent heureux. Ce sont là de vraies et profondes prières-expériences.

Lorsque nous nous sentons entourés de l'amour de Dieu et de Sa sagesse, nous ne demandons plus rien pour nous-même, car la prière de l'âme est une adoration de Dieu d'où s'écoulent des impulsions de force pour nos prochains.

L'amour pour Dieu et pour notre prochain est la prière la plus élevée qui soit. « Aimer son prochain » signifie le comprendre, ressentir ce qu'il éprouve pour ressentir comment il va.

A partir de cette prière désintéressée se développe un dialogue avec Dieu.

La prière véritable conduit également à la maturité spirituelle, car lorsque nous faisons l'expérience du silence intérieur et du bonheur sublime de notre âme, nous savons alors que c'est la réponse de Dieu.

Avant d'atteindre cette prière désintéressée, nous devons sans cesse apprendre.

Nous devons également ressentir dans la prière la grande unité qui elle aussi grandit à partir de l'amour pour Dieu.

Allons dans la nature, ouvrons grand nos yeux et laissons la nature nous pénétrer !

Ressentons que chaque brin d'herbe, chaque buisson, chaque arbre, chaque petit animal, chaque minéral vit.
Ressentir la Vie en toute chose, c'est de nouveau une réponse que Dieu nous donne.

Apprenons à vivre dans cette grande unité, nous ressentirons alors que nous sommes reliés à toutes les créatures, libérés, comme indépendants du temps et de l'espace, existence éternelle qui s'épanouit toujours plus sous le soleil de l'amour.
C'est cela vivre dans le présent. C'est ce qui rend heureux et libre. C'est cela la prière véritable.
Si donc nous apprenons à prier, nous apprenons à vivre et nous sommes consciemment une partie du grand tout. Nous faisons ainsi, de multiples façons, l'expérience de la présence de Dieu et des réponses qu'Il nous donne.

Tant que notre coeur fait preuve de véhémence, que nos prières ne sont que bavardage, elles restent extérieures et nous ne ressentons que la platitude qui entoure notre vie, car Dieu alors ne S'adresse pas à nous. Il ne peut pas nous toucher car en vérité nous ne nous tournons pas vers Lui. Nous n'avons pas créé de relation avec Lui.

Ce n'est qu'au plus profond de notre être que Dieu se rapproche de nous, dans la prière véritable et profonde.

Prenons conscience qu'il est vain de chercher Dieu à l'extérieur. Les prières faites du bout des lèvres ne trouvent pas non plus de résonance dans le coeur.

Ce n'est que lorsque nous rencontrons Dieu en nous, dans une prière profonde, que nous ressentons la grande unité cosmique, ce que signifie « être uns ». Nous ferons alors l'expérience de Dieu partout, non pas à l'extérieur mais *dans* tout ce que nous rencontrons.

Les gens ont très souvent peur de ce qui pourrait leur arriver, ce qui les rend nerveux et tire leurs sens vers l'extérieur. Prenons conscience que rien ne peut nous arriver hormis ce que nous avons nous-même émis envers d'autres personnes au préalable. Nous créons nous-même notre paradis et notre enfer. Tous deux sont des états de conscience intérieurs dont nous devrions prendre conscience à temps afin de renoncer à « l'enfer ». Ce que nous faisons de notre vie dépend de nous.

Notre devise quotidienne pourrait être la suivante :

Sois calme. Combats ton agitation avec la force du Christ de Dieu, en mettant en ordre ce qui se passe en toi ; car tout bouillonnement de nos pensées et de nos sentiments nous rend agité, prisonnier, nous empêche de trouver le silence et de prier consciemment, c'est-à-dire à partir de nos sentiments.

Notre âme ne peut reposer en Dieu que si nous ne la soumettons pas à l'agitation de nos aspects par trop humains.

Si l'Esprit de Dieu peut nourrir notre âme car nous sommes devenus silencieux, nous ressentons alors la « valeur nutritive » de la vie intérieure ; c'est le calme en nous, le silence, ne faire qu'un avec l'infini. C'est notre être véritable. Cela n'est possible que si tous les jours nous apprenons et apprenons encore, si nous apprenons à prier.

La plupart des chrétiens d'Eglise ne savent plus comment prier. Est-ce aussi notre cas ? Si nous regardons dans le monde, nous devons reconnaître que même si en occident les gens se nomment chrétiens, ils sont très éloignés d'une véritable vie chrétienne. Les soi-disant chrétiens, pour la plupart, sont devenus des perroquets. Ils répètent fidèlement les prières qui leur sont données par exemple par les officiels de l'Eglise. Ils ne savent plus vivre leur prière.

A l'heure actuelle nous sommes témoins des dérives d'un christianisme d'apparence où la xénophobie remplace l'amour du prochain. Le christianisme d'apparence exige plutôt la profession de la foi qu'une prise de conscience permettant de cheminer sur les traces de Jésus, du Christ.

*P*ar la prière-expérience, en apprenant à ressentir profondément les choses et à compatir, notre sensibilité s'affine. Nous tendrons alors la main à ceux qui le souhaitent pour les aider et les servir à partir de notre propre expérience spirituelle.

Si cela ne nous est pas encore possible parce qu'éventuellement nous sommes contre notre prochain, il ne faudrait pas alors vouloir lui donner de bons conseils, ni à lui ni à d'autres.

Celui qui n'est pas en mesure d'apporter de réconfort intérieur à son prochain à partir de sa propre vie intérieure, spirituelle, ne peut pas non plus le guider pour trouver le chemin du silence intérieur où l'attend le Guide, Conseiller, Aide et Guérisseur intérieur.

Réfléchissons à ceci :
La prière et la vie devraient ne faire qu'un.

Beaucoup de gens s'appuient sur les autres et sont sans cesse déçus.

Celui qui ne s'en remet pas à son prochain mais au contraire demande aide, conseil et assistance à l'Eternel, ne peut être abandonné par quiconque, car il ne construit pas sur des personnes mais sur le Christ, l'Esprit éternel, présent en tout.

Particulièrement à notre époque, nous devrions prendre conscience que Dieu est en tout, qu'en tout bat le cœur de Dieu et que nous devrions avoir nos racines profondément dans l'Eternel et vivre en Lui.

Si nous aspirons à ce but dans la prière, nous serons alors heureux de l'intérieur et nous sentirons uni avec le grand Esprit.

Celui qui, dans la prière, se tourne vers l'intérieur et ressent dans son cœur son prochain, oui, l'infini tout entier, détient la force d'ouvrir le portail intérieur qui mène au royaume de l'Esprit de Dieu.

Si nous avons trouvé Dieu dans notre cœur grâce à la prière véritable, à laquelle nous devrions nous exercer régulièrement, nous ressentons alors partout Sa présence, Il est pour nous l'Omniprésent, le Bon, le Bienveillant, l'Aimant, l'Esprit de l'amour.

Nous ressentons alors le regard de Dieu à travers chaque être humain, chaque fleur, chaque arbuste et arbre, chaque minéral.
Nous ressentons le rayonnement du Tout-puissant dans chaque cri d'animal, dans le vent, à travers les rayons du soleil, dans chaque goutte d'eau et chaque grain de sable ; nous ne sommes pas seul, nous sommes uni à Lui et entouré de la puissance de l'amour.

Si nous apprenons à prier au plus profond de nous-même, à parvenir à la véritable prière-expérience, par nos sentiments et notre compassion, notre sensibilité à l'égard de tout ce qui nous entoure, de ce que nous voyons et ne voyons pas, de tous les hommes, de tous les êtres et formes de vie, nous suivons alors le chemin qui mène à la Vie, car Dieu est la Vie en tout.

Nos journées sont alors lumineuses, traversées par le soleil intérieur. Nous ressentons Dieu à notre réveil, Il est avec nous.

A chaque instant, nous ressentons que Dieu est avec nous. Le soir, en nous couchant, nous ressentons que le grand silence, DIEU, est avec nous.

Ce n'est que lorsque nous apprenons à nous comporter comme des êtres immortels que nous commençons à vivre.

ertains se demandent si leur manière de prier est bonne, s'ils prient de telle sorte que le Christ puisse les entendre, les comprendre. Nous pourrions faire un exercice en ce sens afin d'apprendre à nous trouver nous-même.

Tout d'abord, demandons-nous ce que nous ferions, par exemple, si l'image de notre téléviseur était perturbée ? Notre première pensée serait sûrement de se demander si l'antenne de réception de la télévision, parabolique ou autre, n'a pas été déplacée, tordue ou mal orientée. Nous ferions rapidement appel à un spécialiste afin qu'il vérifie l'antenne et la réoriente pour que nous ayons de nouveau une image nette, de qualité.

Chacun de nous est lui aussi un émetteur et un récepteur. Nous recevons les images qui correspondent à notre orientation intérieure, à notre attitude envers la Vie.

Nous sommes donc telle une antenne qui doit être orientée. Au niveau extérieur nous pouvons nous y aider en adoptant une position corporelle méditative droite.

Par exemple, lorsque nous nous affalons confortablement dans un fauteuil ou sur une chaise, notre antenne n'est alors pas alignée sur Dieu. Afin de nous tourner vers l'intérieur, nous devons adopter une position corporelle correspondant au respect de la vie intérieure ; nous ressentons alors que certaines choses s'ordonnent en nous.

Nous devrions adopter cette attitude corporelle chrétienne dans notre vie quotidienne, en général, mais tout particulièrement lors de la prière. Nous devrions rendre notre corps le plus léger possible afin de pouvoir recevoir les impulsions de la vie intérieure. C'est le sens de cet exercice.

Nous avons pour habitude de nous appuyer au dossier de notre chaise, dont c'est d'ailleurs la fonction. Mais que se passe-t-il lorsque que nous ne nous y appuyons qu'au niveau du coccyx, et sommes alors assis bien droit ?

Essayez de n'appuyer que le coccyx au dossier de votre chaise, les deux pieds reposant côte à côte sur le sol. Notre colonne vertébrale porte alors notre tête, bien droite.

Examinons maintenant ce qui se passe en nous.

Nous remarquons que quelque chose change.

Nous concentrons maintenant notre attention sur notre main droite. Nous mettons la paume de notre main gauche sous le dos de notre main droite, les deux paumes tournées vers le haut.

Certains savent que le centre de l'ordre rayonne dans la région du coccyx. Nous approchons de notre corps, proche du centre de l'ordre, nos deux mains posées l'une dans l'autre, la paume de notre main gauche sous le dos de notre main droite. Elles reposent sur le haut de nos cuisses.

Nous restons dans cette position et prions pour nous personnellement. Nous entrons en contact avec le grand Esprit de Dieu en nous.

Afin de mieux ressentir notre corps, nous pouvons également fermer les yeux.

Nous sentons que notre position corporelle n'est pas comme d'habitude, et qu'en raison de cela notre attitude intérieure est elle aussi différente. Nous nous sentons prêt à prier.

Nous nous tournons maintenant vers l'intérieur.
Nous nous tournons vers le Christ de Dieu en nous, vers la lumière du Christ, proche de notre coeur.

Nous tournons nos sens vers l'intérieur et ressentons que nos pensées s'éloignent de nous. Nous ressentons également que notre respiration est plus profonde.

Nous ressentons que nous devenons plus calmes, que la tête et le cœur parviennent à une unité car nous trouvons le calme intérieur.

Nous laissons nos pensées de côté.
Notre respiration est devenue calme et profonde.

Nous prions maintenant pour ce qui nous tient
à coeur.

Nous ne cherchons pas nos mots.
Nous laissons monter en nous des pensées de
prière que nous emportons dans la lumière du
Christ qui brille à proximité de notre cœur.

Des pensées de prière se développent.
Nous essayons maintenant de prier dans la lumière du Christ, dans le centre du Christ.

Nous prenons notre temps. Nous apprenons à
prier.

Nous ressentons que notre corps est maintenant beaucoup plus léger, d'une part grâce à
la position méditative assise, à la position de
prière, d'autre part grâce à la prière dans la
lumière du Christ en nous.

Je me permets de passer maintenant à un
deuxième exercice.

Nous restons dans cette position de prière.

En pensée, nous voulons maintenant prier pour les autres, pour les animaux et la nature.

Prenons encore une fois conscience que nous sommes des émetteurs et des récepteurs.

Nous venons de recevoir ; maintenant nous prions pour nos prochains, pour la nature et les animaux, pour ce qui nous tient à coeur.

Pour ce faire, nous nous ouvrons intérieurement.
Nous posons le dos de nos mains sur le haut de nos cuisses et les rapprochons de notre buste.

Ressentons de nouveau la légèreté de notre corps. Une douce vibration commence à se manifester dans la paume de nos mains. C'est le signe que notre âme veut donner. La lumière en nous, ainsi que notre âme, veulent émettre

la prière vers nos frères et soeurs et toutes les
formes de vie existantes.

Nous nous tournons de nouveau vers l'intérieur.
Nous tournons nos sens vers l'intérieur et nous
représentons la lumière du Christ à proximité
de notre coeur. Elle palpite et rayonne harmonieusement.
Nous présentons maintenant au Christ de Dieu
nos prières pour notre prochain, pour la nature, pour les animaux et la Terre-Mère.

Nous prions le Christ pour des personnes, pour
les différentes formes de vie. Nous déposons
ces prières dans Sa force qui palpite en nous et
restons en prière dans cette force intérieure.
D'elles-mêmes, des pensées de prière montent
en nous. Ne cherchons pas des mots pour prier,
laissons-les venir.

Ces prières s'écoulent à travers notre corps,
vers l'extérieur, à travers la paume de nos
mains, à travers le bout de nos doigts, vers les

personnes pour lesquelles nous prions, vers les formes de vie que nous incluons dans nos prières.

La force s'écoule à travers nous vers notre prochain par l'intermédiaire du centre du Christ de Dieu en nous.

Quel que soit l'objet de nos prières, si vraiment il nous tient à coeur, alors nos prochains ou les formes de vie pour lesquels nous avons prié, recevront.

Nous concluons maintenant ce deuxième exercice.

Nous refermons le circuit de prière en glissant une nouvelle fois la paume de notre main gauche sous le dos de notre main droite.

De nouveau, nous dirigeons vers le centre de l'ordre nos deux mains, que nous avons posées l'une dans l'autre.

Un circuit énergétique commence à s'écouler en nous. Nous ressentons concrètement ce circuit énergétique de force spirituelle : nous respirons plus calmement. Nous devenons plus concentrés. Nous nous sentons plus légers, plus frais. Nous ressentons la proximité du Christ de Dieu.

Nous concluons maintenant cet exercice.

Durant ces exercices, certains ont été traversés de pensées dont ils n'ont pas réussi à se libérer et qui ont continué à les assaillir pendant la prière. Il faudrait si possible analyser ces pensées avant de prier, examiner d'où elles viennent, afin de les mettre en ordre. Nous deviendrons ainsi plus calmes et parviendrons mieux à accéder à la prière profonde, la prière-expérience qui est en même temps une prise de conscience.

Si notre prière est calme et sereine, nous ressentons alors une profondeur intérieure. Nous ne cherchons plus nos mots, de fines sensations de prière s'écoulent à partir de notre âme, traversent notre cerveau et déclenchent par exemple des pensées de prière spécifiques pour notre prochain. Si par contre nous sommes préoccupés, si nous sommes agités également pendant la prière, c'est le signe que notre subconscient est actif, que des pensées voudraient se montrer en nous et qu'éventuellement nous les refoulons. Cette agitation que nous ressentons lorsque nous voulons prier, est toujours le signe que quelque chose est à mettre en ordre, éventuellement quelque chose que nous aurions dû régler depuis longtemps.

En fait, c'est une bonne chose que justement lorsque que nous voulons prier de telles pensées nous assaillent ; elles nous montrent que certaines choses auraient dû être réglées depuis longtemps.

Pendant notre travail ou nos diverses activités, des pensées traversent notre esprit automatiquement, bien souvent sans que nous en soyons conscients. Si par contre nous nous retirons pour prier, elles nous assaillent alors littéralement. C'est le signe que notre âme voudrait se libérer de ce mal.

Il est également possible que justement lorsque nous voulons commencer à prier, notre subconscient se manifeste et perturbe alors toutes nos bonnes résolutions. Il ne faudrait pas alors mettre de côté ces pensées et vouloir prier à tout prix, mais plutôt se dire : « Oups ! Que dois-je régler ? Je vais tout de suite analyser cela pour le mettre en ordre ! »

Il n'est pas non plus conseillé de simplement noter les pensées qui nous harcèlent, de mettre ces notes de côté pour nous réorienter en prenant la résolution de nous remettre à prier, mais cette fois de manière impersonnelle ! Nous devrions plutôt prendre conscience du contenu de ces pensées, dans le but de remédier, avec l'aide du Christ, aux aspects que nous reconnaissons en nous.

Nous reprenons alors à nouveau une position de prière droite, cette fois dans l'intention de prier pour nous-même. Nous demandons au Christ de nous aider à mettre en ordre les pensées que nous avons analysées et dans lesquelles nous reconnaissons des aspects de notre ego. Ceci, bien sûr, si nous le voulons. C'est important ! Il faut en effet le vouloir et ressentir du regret. Cela doit même nous faire mal d'être encore tel que le contenu de nos pensées nous le montre. S'il en est ainsi, nous ressentons alors de l'aide.

Voici comment les choses peuvent aussi se passer : Nous voulons prier. Une agitation, encore diffuse, nous empêche de trouver le calme. Nous laissons alors consciemment le négatif qui est en nous prendre la forme de pensées que nous pourrons ainsi saisir. Si ces pensées et sentiments qui nous perturbent ne sont pas graves, obsédants, nous les notons. Et si nous demandons au Christ de nous aider, ils resteront à distance. Nous serons alors plus calme et pourrons prier profondément, comme nous l'avions prévu.

Après notre prière, nous devrions alors mettre en ordre le contenu de ces pensées envahissantes, par exemple des pensées dirigées contre notre prochain ou si nous avons péché contre certains aspects de la nature, nous le mettons également en ordre avec le grand Esprit divin, l'Esprit créateur de la nature. Puis nous prenons la ferme résolution de ne plus cultiver de telles pensées ou de ne plus refaire ce qu'elles nous ont poussé à accomplir.

L'important est de toujours et encore se tourner dans la prière vers le Christ, qui vit en nous, en Lui demandant Son aide. Il le fait, à condition que nous voulions nous libérer de ces comportements négatifs. C'est ce qui est déterminant.

Si nous voulons vraiment apprendre à prier, nous devons être sincère envers nous-même. Les journées ne se ressemblent pas forcément. Observons-nous d'un oeil critique : au moment où nous cherchons des pensées de prière, nous cherchons dans notre tête, dans notre subconscient. Nous devrions reconnaître que nous refoulons des pensées et nous crispons.

Si pendant la prière vous êtes envahis de pensées problématiques, ne les refoulez pas ! Examinez-les attentivement, car elles se montrent sous forme d'images. Notez-les et lorsque vous êtes devenus plus calmes, entrez alors dans la prière.

Demandez au Christ de vous assister, de vous aider pour reconnaître et mettre en ordre ces aspects par trop humains que nous pourrions également nommer péchés ou comportements négatifs.

Nous essayons de parvenir au calme pour trouver le silence intérieur et pouvoir prier à partir de notre coeur, car la prière véritable est un dialogue avec Dieu. Elle nous rend heureux, fort dans notre foi et nous donne de l'assurance dans notre vie quotidienne. Pourquoi ? Parce que nous ressentons Sa présence.

Pourquoi tant de pensées nous attaquent-elles justement lorsque nous voulons prier ?
Prenons conscience que beaucoup de choses on été refoulées de notre conscient vers notre subconscient car nous ne voulions pas admettre qu'elles étaient en nous : des désirs, des exigences, des ambitions, mais aussi des fautes commises et autres aspects qui nous chargent. Ces énergies négatives sont enregistrées dans notre subconscient et à partir de là agissent dans nos sensations, sentiments, pensées et actes. Nous devrions analyser ces données afin d'y travailler pour les mettre en ordre et nous en libérer.
Si nous avons l'intention de prier et que nous essayons alors de devenir plus calme, notre

subconscient réagit immédiatement. Il met à profit cette occasion pour nous envahir de ce qu'il veut, car il cherche à nous imposer par tous les moyens les aspects par trop humains et inavoués de notre vouloir, que nous portons en nous.

Donc, si des pensées nous assaillent, nous les notons.

Nous demandons à l'Esprit de nous aider et de nous assister afin que nous puissions les mettre en ordre.

Mais je le répète, si nous le voulons et si nous faisons ensuite ce que nous avons reconnu comme juste.

Si ces pensées reviennent, nous ne leur laissons pas libre cours. Nous demandons à nouveau de l'aide : « Seigneur, je T'ai prié de transformer ces aspects. Je dépose maintenant ces pensées à Tes pieds et Te demande de m'aider à ne plus les nourrir ! »

Intériorisons-nous régulièrement, allons dans la prière méditative et nous verrons que le Christ nous aide. Nous ressentons l'Esprit en nous. Cette sensation, ce sentiment, nous rend heureux et joyeux de l'intérieur. Nous pouvons alors communiquer beaucoup plus calmement et posément avec nos prochains. Nous serons également plus efficace dans notre vie quotidienne. Celui qui est prêt et disposé à remédier avec l'aide du Christ à ses aspects par trop humains ira mieux de jour en jour.

Au début nos prières sont donc des prises de conscience puis elles se transforment ensuite en prières actives.

La prière active signifie que nous souhaitons réellement de tout cœur que nos prochains, la nature et les animaux aillent bien. Nous porterons toujours moins de jugements de valeur sur les autres, en les dévalorisant ou les enviant. Ces prétentions du petit moi s'effacent de plus en plus car nous travaillons avec la force du Christ de Dieu. Notre âme devient plus lumineuse, notre être tout entier plus libre. Avec le temps c'est alors notre âme qui prie.

Et cette prière qui monte en nous du plus profond de notre âme est une prière de gratitude profonde, désintéressée, qui nous rend joyeux et heureux car notre âme se réjouit. Nous avons cette joie intérieure car nous ressentons que nous nous sommes rapprochés de Dieu, également en tant qu'être humain.

Cependant, il faut s'y exercer, c'est un apprentissage constant. Mais, s'il vous plaît, n'abandonnez pas en cours de route ! Exercez-vous encore et encore, priez régulièrement jusqu'à ce que vous ressentiez le désir profond de mettre en pratique vos prières dans votre vie quotidienne. Nous devenons ainsi créatifs et puisons dans la force de la Vie qui est en nous.

Celui qui est vraiment animé du désir de se trouver lui-même et de se rapprocher du Christ, est également prêt à apprendre.

Si vous le voulez, expérimentez les différentes façons de s'asseoir et l'effet qu'elles ont sur vous.

Par exemple, lorsque l'on se vautre sur une chaise, quels genres de pensée montent en nous ? Et comment nous sentons-nous à l'inverse lorsque nous adoptons consciemment une position bien droite, reposant sur le coccyx ? Observez-vous et rappelez-vous en régulièrement.

La position de prière que nous avons décrite, d'être assis bien droit, les deux pieds côte à côte sur le sol, fait aussi partie de l'apprentissage. Mon expérience personnelle m'a montré qu'en adoptant cette position lors de conversations, il devient beaucoup plus facile d'écouter son prochain et de lui donner ainsi la bonne réponse. Vous trouverez aussi beaucoup plus rapidement et avec plus d'assurance les solutions légitimes aux différentes situations de la vie, également dans le cadre du travail.

Etre affalé contre un mur ou le chambranle d'une porte témoigne également d'un manque de concentration. Nous ne pouvons en effet pas être complètement à l'écoute de notre prochain ou d'une situation, car cette attitude résulte de pensées qui nous y ont amené.

Nous avons maintenant pris connaissance d'une position de prière favorable à la concentration des forces de notre conscience.

Certains ont déjà remarqué que malgré nos bonnes résolutions, nous retombons facilement dans ce que nous voulons pourtant changer.

Nous devrions également nous livrer à cette expérience : Que se passe-t-il lorsque nous nous affalons sur une chaise ? Quelles pensées se développent en nous ? Des pensées de prière profondes et unies à Dieu ? Nous nous apercevrons que dans cette position il est impossible de prier intensément.
Même si des pensées de prière nous viennent, nous ressentons très bien qu'elles ne sont

qu'extérieures, superficielles, des bavardages. Au milieu de tous ces mots se trouvent nos désirs et pensées qui s'entremêlent et prennent entièrement possession de nous. Essayons ! Faisons nos propres expériences, c'est ainsi que nous apprendrons.

Ce n'est pas sans raison que dans de nombreuses révélations cherchant à amener chacun à recevoir Son rayonnement, le Christ S'est adressé à nous en disant : « Prenez une attitude intérieure et extérieure droite. »
Une attitude corporelle consciente, orientée, et en définitive disciplinée, est vraiment une très grande aide sur le chemin intérieur, le chemin vers la vie intérieure. Elle nous aide à nous trouver nous-même, mais aussi à reconnaître plus clairement et plus rapidement les pensées que nous émettons au cours de la journée. Nous pouvons alors surmonter avec la force de notre Rédempteur les aspects négatifs que nous avons clairement reconnus.
Une attitude spirituelle, droite et consciente, dénote du respect, de la droiture et une cer-

taine force intérieure. Cette attitude fait montre d'une humilité intérieure envers le grand Esprit divin, de gratitude envers Lui.

Repensons à l'exemple de l'antenne. L'être humain est également émetteur et récepteur. Il nous serait donc profitable de nous discipliner et d'adopter également envers nous-même cette attitude spirituelle droite, en prenant régulièrement conscience de qui nous sommes réellement, de notre origine, en nous demandant, par exemple : ne suis-je que cet être humain mollasson ou bien y a-t-il en moi une force devant laquelle je dois me redresser, aussi bien intérieurement et qu'extérieurement ? Si nous sommes conscient de qui sommes vraiment, nous le ferons.

Faisons-en nous-même l'expérience !

Dans notre vie quotidienne, que ce soit lors de conversations, de vive voix ou au téléphone, nous pouvons ressentir clairement que si nous donnons une bonne orientation à notre antenne, nous recevons une aide qui vient de l'intérieur. Si par exemple nous étions fatigués, nous ressentons tout à coup de nouvelles forces. C'est l'orientation qui en est la source. Si nous avons appris à rester orienté, avec le temps cette orientation ira de soi. Nous changeons alors complètement. Nous apprenons à prier vraiment, à nous comporter avec justesse envers les autres. Nous sommes plus joyeux. Nous nous rapprochons intérieurement de notre prochain et développons beaucoup d'autres aspects encore.

Adopter une position corporelle droite est une aide réelle. Grâce à l'orientation consciente sur le Christ, nous faisons vraiment une avancée importante.

Nous ressentons alors la signification des ces phrases : « Le royaume de Dieu est en nous » ou « Je suis le temple de Dieu. »

Il en découle le désir de purifier notre temple afin de devenir libre et pouvoir ainsi ressentir au plus profond de nous-même que Dieu est présent.

Rappelons-nous souvent que l'être humain n'est en réalité que l'enveloppe du grand être de lumière qui est en nous. Ce dernier doit emplir et traverser l'enveloppe humaine de sa lumière.

Ceci est Ma Parole
A et Ω

l'Evangile de Jésus
La révélation du Christ
que connaissent les véritables chrétiens
du monde entier

Cette grande révélation du Christ va bien au-delà du contenu de la Bible. Elle nous donne une vision d'ensemble de ce qui fut, est et sera.

En construisant sur « l'Evangile de Jésus », un Evangile apocryphe, le Christ révèle Lui-même des détails de Sa vie sur Terre lorsqu'Il était Jésus de Nazareth. Il montre en particulier comment il est possible aux contemporains de notre époque de vivre selon les lois divines, les Dix Commandements de Dieu et Son Sermon sur la Montagne. Il nous permet aussi de nous projeter dans le futur, dans Son royaume de paix sur Terre à venir.

Quelques thèmes : Enfance et jeunesse de Jésus • La falsification de l'enseignement de Jésus de Nazareth au cours des 2000 ans passés • Sens et but de la vie sur Terre • Jésus a enseigné la loi de cause à effet • Le Sermon sur la Montagne • L'Etre Dieu • Dieu n'est pas un dieu colérique, Il ne punit pas • L'enseignement de la « damnation éternelle » bafoue Dieu • Jésus aimait les animaux et s'est engagé pour eux • Qui vit en Dieu est un avec toutes les créatures • La mort, la réincarnation et la vie • La vraie signification de l'acte de rédemption du Christ, et beaucoup d'autres thèmes encore.

www.la-parole.com